21일 묵상과 새벽기도 -

"너희는 이렇게 기도하라"

권영구 지음

This, then, is the way you should pray:

예수님께서 "너희는 이렇게 기도하라"고 말씀하시며 우리에게 주기도문을 가르쳐 주셨습니다. 우리가 일찍 주의 말씀에 순종하여 주기도문 순서로 기도하였더라면 하나님이 원하시는 피조물이 되었을 것입니다. 예수님이 가르쳐 주신 기도문대로 그 뜻을 이해하면서 그 순서로 기도한다면 개인과 교회에 큰 변화가 일어날 것입니다.

중원 C.M.C.

21일 묵상과 새벽기도 -
"너희는 이렇게 기도하라"

지은이 _ 권영구
초판 발행 _ 2009년 2월 20일
펴낸 곳 _ 도서출판 중원 C.M.C.
등록번호 _ 제 390-2004-00006호
주소 _ 경기도 광명시 광명4동 158-536
전화번호 _ 02)2617-2044
F A X _ 02)2060-0160
홈페이지 _ www.cross9191.com / www.jwch.net
구입문의 _ 02)2617-2044, 2685-0423

ISBN 978-89-91822-29-0
값 7,000원

저자와의 협약아래 인지는 생략되었습니다.
이 출판물은 저작권법에 의해 보호를 받는 저작물이므로
무단 전재와 복제를 할 수 없습니다.

이 책을 복사하지 않고 구입하는 것은 선교센터를 돕는 것입니다.
그리고 신앙 양심을 지키는 것입니다.

21일 묵상과 새벽기도-

"너희는 이렇게 기도하라"

권영구 지음

중원 C.M.C.

머리말

예수님께서 "너희는 이렇게 기도하라"고 말씀하시며 우리에게 주기도문을 가르쳐 주셨습니다. 우리가 일찍 주의 말씀에 순종하여 주기도문 순서로 기도하였더라면 하나님이 원하시는 피조물이 되었을 것입니다. 그러나 우리는 예수님의 가르침은 뒤로 하고 우리의 생각대로 기도하여 우리의 욕심을 채우는 기도를 드렸습니다. 이제부터라도 예수님이 가르쳐 주신 기도문대로 그 뜻을 이해하면서 그 순서로 기도한다면 개인과 교회에 큰 변화가 일어날 것입니다.

원하기는 한국과 세계교회가 예수님이 가르쳐 주신 기도문대로 기도하여 많은 사람을 살리고 하나님의 뜻을 이루어 드리기를 원합니다.

이 책은 한 번 읽거나 배우는 것으로 끝나는 것이 아니라, 여러 번 읽고 훈련하면서 주님이 원하시는 기도에 가까이 다가가야 합니다. 대충 읽고 대충 기도하면 아무런 은혜가 없으며 깊이를 깨달을 수도 없습니다. 그러므로 이 책과 연관된 기도와 능력을 함께 읽으시고, 또 기도훈련집을 통해서 백번 이상 읽으며 기도해야 합니다. 그렇게 할 때 예수님이 가르쳐 주신 기도의 깊은 뜻을 몸으로 느끼게 될 것입니다.

이 책은 개인적으로 읽고 묵상하며 경건의 시간을 갖도록 되어 있습니다. 또 교회에서 특별 21일 새벽기도시간에 사용하도록 되어 있습니다. 각각 필요한 용도에 맞게 편리하게 사용하시면 될 것입니다.

이 책을 쓰면서 많은 은혜를 주신 하나님과 기도하여 준 아내와, 교정을 보아 준 박영선 집사와 디자인을 해 준 김유예 집사에게 감사를 드립니다.

2009년 2월 10일
서재에서 권영구 목사

Contents

머 리 말 _ 4

· 너희는 이렇게 기도하라 _ 7
· 1일 하나님은 거룩한 분이시다 _ 11
· 2일 피조물은 창조주를 거룩하게 해야 한다 _ 14
· 3일 자신이 하나님을 거룩하게 할 일들 _ 17
· 4일 하나님의 이름을 망령되이 일컫지 말라 _ 20
· 5일 하나님 나라 _ 23
· 6일 자심의 심령에 하나님 나라가 임해야 한다 _ 26
· 7일 하나님 나라를 지켜라 _ 29
· 8일 여러 곳에 하나님 나라가 임해야 한다 _ 32
· 9일 하나님의 뜻은 무엇인가? _ 36
· 10일 하나님의 뜻이 땅과 자신에게 이루어져야 한다 _ 40
· 11일 하나님의 뜻이 가정에 이루어져야 한다(교회, 이웃, 개인, 정부) _ 43
· 12일 일용할 양식을 구하라 _ 47
· 13일 다른 사람의 죄를 용서하라 _ 50
· 14일 자신이 치유 받는다 _ 53
· 15일 자신의 죄 사함을 받으라 _ 57
· 16일 시험에 들지 않도록 하라 _ 60
· 17일 시험은 마귀가 준다 _ 63
· 18일 악은 무엇인가? _ 67
· 19일 악에서 구원 받아야 한다 _ 70
· 20일 나라와 권세와 영광을 하나님 아버지께 돌려라 _ 74
· 21일 예수님의 이름으로 기도하라 _ 77

새벽을 열며

기도의 가르침

"너희는 이렇게 기도해라"

예수님이 산상수훈에서 가르치신 위대한 말씀 중 기도의 가르침입니다.

(마 6:9-13) "[9] 그러므로 너희는 이렇게 기도하라 하늘에 계신 우리 아버지여 이름이 거룩히 여김을 받으시오며 [10] 나라가 임하시오며 뜻이 하늘에서 이루어진 것 같이 땅에서도 이루어지이다 [11] 오늘 우리에게 일용할 양식을 주시옵고 [12] 우리가 우리에게 죄 지은 자를 사하여 준 것 같이 우리 죄를 사하여 주시옵고 [13] 우리를 시험에 들게 하지 마시옵고 다만 악에서 구하시옵소서 (나라와 권세와 영광이 아버지께 영원히 있사옵나이다 아멘)"

이 말씀은 누가복음에도 기록되어 있습니다.

누가복음 11장1-2절에 "[1] 예수께서 한 곳에서 기도하시고 마치시매 제자 중 하나가 여짜오되 주여 요한이 자기 제자들에게 기도를 가르친 것과 같이 우리에게도 가르쳐 주옵소서 [2] 예수께서 이르시되 너희는 기도할 때에 이렇게 하라 아버지여 이름이 거룩히 여김을 받으시오며 나라가 임하시오며" 라고 말씀하고 있습니다.

위의 말씀과 같이 제자들이 예수님께 말하기를 요한이 제자들에게 기도를 가르쳐 주었는데 우리에게도 기도를 가르쳐 달라고 하였습니다. 이 부탁을 받은 예수님은 "너희는 이렇게 기도하라"고 가르쳐 주셨습니다. 예수님은 이 기도를 가버나움 지역

기도의 가르침

에서 설교하실 때 말씀하셨고, 또 감람산에서도 말씀하셨습니다. 그리고 다른 곳에서도 여러 번 말씀하셨을 수도 있습니다. 왜냐하면 우리가 하나님께 바른 기도를 한다는 것은 매우 중요한 일이기 때문입니다.

예수 그리스도께서 우리에게 가르쳐 주신 기도에는 피조물이 창조주에게 드리는 참된 기도가 들어 있습니다. 그러므로 매우 중요하며 값진 것입니다. 어떠한 인간으로부터도 이러한 기도를 배울 수 없습니다. 오직 성자 예수 그리스도만이 가르쳐 주실 수 있는 기도입니다.

우리는 예수님께서 "너희는 이렇게 기도하라" 말씀하셨으므로 그러한 순서로 기도를 했어야 합니다. 그런데 암기하기만 했지 그 뜻을 정확하게 파악하지 못했고 예수님이 가르쳐 주신 순서대로 기도하지 못했습니다. 그래서 많은 영적인 것과 참다운 하나님의 뜻을 놓쳐버렸습니다.

예수님이 말씀하신대로 기도를 했다면 기독교의 역사는 지금보다 더 좋은 결과를 많이 낳았을 것입니다. 하나님을 기쁘게 하였을 것이고 세상을 변화시켰을 것이며, 기독교는 세상을 정복하고 마귀를 이기고 참된 교회와 진실한 그리스도인을 만들고 세상의 빛이 되고 소금이 되었을 것입니다.

예수님이 가르쳐 주신 기도문대로 기도했다면 옛 사람을 쉽게 버리고 영적인 새사람이 되어 **빠른** 시일 내에 참으로 하나님을 경외하는 사람으로 변하고, 변하기 어려운 성품이라도 **빠른** 시일 내에 새 성품으로 변하여 많은 유익을 주는 그리스도인이 되었을 것입니다.

예수님이 가르쳐 주신 기도문에는 영적인 능력이 있어서 영적으로 거듭나게 하고, 성령의 역사와 말씀의 역사가 일어나게 하며 마귀를 이기는 능력이 있습니다. 그리고 마음을 치유하며 변화시키고 성격과 성품까지 변화시키는 능력이 있으며 육신의 외적인 모습과 행동, 그리고 질병까지 치료하는 능력도 있습니다.

우리는 이러한 놀라운 말씀과 기도의 세계로 들어가기를 원합니다.

주님이 가르치신 기도문을 순서로 정하면 다음과 같이 기도해야 합니다.

◆ 주님이 가르쳐 주신 기도 순서 ◆

요 약	마태복음 6:9~13
(1) 하나님 이름이 거룩	하늘에 계신 우리 아버지여 이름이 거룩히 여김을 받으시오며
(2) 하나님 나라	나라가 임하시오며
(3) 하나님의 뜻	뜻이 하늘에서 이루어진 것 같이 땅에서도 이루어지이다
(4) 양식 (육신이 필요한 것, 간구, 중보기도)	오늘 우리에게 일용할 양식을 주시옵고
(5) 용서	우리가 우리에게 죄 지은 자를 사하여 준 것 같이
(6) 죄 사함	우리 죄를 사하여 주시옵고
(7) 시험	우리를 시험에 들게 하지 마시옵고
(8) 악	다만 악에서 구하시옵소서
(9) 나라와 권세와 영광	나라와 권세와 영광이 아버지께 영원히 있사옵나이다 (아멘)
(10) 예수님 이름	(요 14:13) "너희가 내 이름으로 무엇을 구하든지 내가 행하리니 이는 아버지로 하여금 아들로 말미암아 영광을 받으시게 하려 함이라"

기도의 가르침

◈ 주기도문 순서에 맞추어서 드린 기도(예문)

1) 하나님의 이름이 나를 통하여 거룩히 여김 받으시기를 원합니다. 그리고 온 세상 사람들이 하나님의 이름을 거룩히 여기기를 원합니다.

2) 하나님의 나라가 내게 이루어지기를 기도합니다. 그래서 내가 하나님 나라의 법을 따르게 하시고 하나님 나라의 영광을 위하여 일하게 하옵소서. 그리고 나를 통하여 하나님의 나라가 세상 모든 사람들에게 이루어지기를 원합니다.

3) 하나님의 뜻이 하늘에서 이루어진 것 같이 땅에서 나를 통하여 이루어지기를 기도합니다. 하나님의 뜻이 나를 통하여 온 땅에 전파되기를 원합니다.

4) 하나님께서 나에게 필요한 것을 공급하여 주시기를 원합니다. 나의 지금 필요한 것들은 주께서 아십니다. 또한 나의 주변사람들이 모두 구원받기를 원합니다. 그리고 이 책을 읽는 사람들이 주님이 원하는 기도를 드리도록 하옵소서.

5) 하나님, 다른 사람의 죄를 용서합니다. 예수님의 이름으로 용서합니다. 그리고 그를 축복합니다. 그가 하나님을 경외하고 복 받기를 원합니다.

6) 하나님, 다른 사람의 죄를 용서하여 준 것 같이 나의 죄를 사하여 주옵소서. 하나님만이 죄를 사하는 권세가 있는 줄 믿습니다.

7) 하나님, 내가 시험에 들지 않기를 원합니다. 마귀에게 시험하라고 맡기지 마십시오. 세상에서 시험에 들지 않기를 원합니다. 신앙생활에 시험이 들지 않기를 원합니다. 교회생활에 시험 들지 않기를 원합니다. 가정에서 시험에 들지 않기를 원합니다. 내가 시험에 들지 않도록 지켜주시기를 원합니다.

8) 하나님, 나를 악에서 구원하여 주십시오. 나를 세상의 악에 물들지 않도록 인도하여 주십시오.

9) 하나님 나라와 권세와 영광이 영원히 하나님 아버지께 있나이다.

10) 예수님 이름으로 기도합니다.

제1장

첫째 날 말씀 묵상과 훈련

하나님은 거룩한 분이시다

(마 6:9) "그러므로 너희는 이렇게 기도하라 하늘에 계신 우리 아버지여 이름이 거룩히 여김을 받으시오며"

하나님은 거룩한 분이십니다.

(레 11:45) "나는 너희의 하나님이 되려고 너희를 애굽 땅에서 인도하여 낸 여호와라 내가 거룩하니 너희도 거룩할지어다"

하나님은 본래 거룩한 분이십니다. 그러므로 사람은 하나님의 이름을 거룩하게 부르고 사용해야 합니다. 그런데 사람들이 하나님의 이름을 거룩히 여길 줄을 모릅니다. 성도들은 하나님의 이름을 함부로 사용해서는 안 됩니다. 존귀하게 여기고 거룩히 사용해야 합니다.

예수님께서 우리에게 마태복음 6장 9절에 "하늘에 계신 우리 아버지여 이름이 거룩히 여김을 받으시오며"라고 기도하라고 말씀하셨습니다.

기도할 때 "하늘에 계신 아버지여, 이름이 거룩히, 거룩히 여김을 받으옵소서!" 라고 하면 가슴이 뭉클해집니다. 그 이유는 나 같은 죄인은 감히 하나님의 이름을 부르고 거룩히 여김을 받으시라고 할 자격이 없는데, 하나님의 특별한 은총으로 구원하여

첫째 날 말씀 묵상과 훈련

주시고 하나님의 이름을 부르며 거룩히, 거룩히 받으시라고 할 수 있기 때문입니다.

또 그동안 우리는 하나님의 이름을 거룩히 여기지 못했습니다. 이러한 기도도 할 줄 몰랐고 항상 자신의 기도를 하기에 바빴습니다.

오랫동안 신앙생활하면서 하나님의 이름을 거룩하게 하지 못한 죄스러운 마음에 회개하게 됩니다.

하나님은 거룩한 자요, 창조자요, 왕이라고 말씀하십니다.

(사 43:15) "나는 여호와 너희의 거룩한 이요 이스라엘의 창조자요 너희의 왕이니라"

(벧전 1:16) "기록되었으되 내가 거룩하니 너희도 거룩할지어다 하셨느니라"

하늘에 계신 하나님을 알아야 이름을 거룩히 여깁니다.

하늘에 계신 하나님은 항상 이름이 거룩히 여김을 받으셔야 합니다. 모든 만물은 피조물이기에 창조주이신 하나님의 이름을 거룩히 여겨야 합니다. 그런데 사람들은 하나님의 이름을 거룩히 여기지 않습니다. 하나님의 이름을 거룩히 여기지 않으므로 불신앙이 생긴 것입니다. 또한 성도들 중에도 하나님의 이름을 거룩히 여기지 않는 사람이 있습니다. 그런 성도는 신앙생활도 대충합니다.

하나님의 이름은 거룩히 여김을 받으시기에 합당합니다. 하나님의 이름 자체가 거룩하십니다.

(눅 1:49) "능하신 이가 큰일을 내게 행하셨으니 그 이름이 거룩하시며"라고 말씀하십니다.

"너희는 이렇게 기도하라"

| 성경: 마 6:9
제목: 하나님은 거룩한 분이시다. | 년　월　일 |

말씀을 깨달은 점 :

회개해야 할 점 :

실천할 점 :

제2장

둘째 날 **말씀 묵상과 훈련**

피조물은 창조주를 거룩하게 해야 한다

(마 6:9) "그러므로 너희는 이렇게 기도하라 하늘에 계신 우리 아버지여 이름이 거룩히 여김을 받으시오며"

피조물인 하늘의 천사도 하나님이 거룩하다고 경배합니다.

(계 4:8) "네 생물은 각각 여섯 날개를 가졌고 그 안과 주위에는 눈들이 가득하더라 그들이 밤낮 쉬지 않고 이르기를 거룩하다 거룩하다 거룩하다 주 하나님 곧 전능하신 이여 전에도 계셨고 이제도 계시고 장차 오실 이시라 하고"

(계 16:5) "내가 들으니 물을 차지한 천사가 이르되 전에도 계셨고 지금도 계신 거룩하신 이여 이렇게 심판하시니 의로우시도다"

사무엘 선지자의 어머니 한나는 하나님만이 거룩하다고 말합니다.

(삼상 2:2) "여호와와 같이 거룩하신 이가 없으시니 이는 주 밖에 다른 이가 없고 우리 하나님 같은 반석도 없으심이니이다"

다윗이 하나님을 거룩하다고 말합니다.

(시 99:9) "너희는 여호와 우리 하나님을 높이고 그 성산에서 예배할지어다 여호와 우리 하나님은 거룩하심이로다"

모든 피조물이 하나님을 거룩하다고 합니다.

성 프란시스의 책에서 보면 프란시스가 하나님의 특별한 은혜를 받아 영과 귀가 열리니 하늘을 나는 새들이 지저귀는 소리가 "하나님께 영광, 하나님께 감사"라고 하면서 날아가더랍니다. 소나 양의 울음소리가 "하나님께 영광"으로 들리더랍니다. 바람에 나뭇잎이 움직이는 소리가 "하나님께 감사"라는 소리로 들리더랍니다. 그때 깨달은 것은 모든 피조물이 하나님을 찬양하고 감사하는데 사람만 불만, 불평하더랍니다.

성도들도 "하나님은 거룩하다"라고 노래해야 합니다.

(계 15:4) "주여 누가 주의 이름을 두려워하지 아니하며 영화롭게 하지 아니하오리이까 오직 주만 거룩하시니이다 주의 의로우신 일이 나타났으매 만국이 와서 주께 경배하리이다 하더라"

하나님의 이름이 거룩하게 될 일만 생각하고 행해야 합니다.

(벧전 1:15) "오직 너희를 부르신 거룩한 이처럼 너희도 모든 행실에 거룩한 자가 되라"

(고후 7:1) "그런즉 사랑하는 자들아 이 약속을 가진 우리는 하나님을 두려워하는 가운데서 거룩함을 온전히 이루어 육과 영의 온갖 더러운 것에서 자신을 깨끗하게 하자"

둘째 날 말씀 묵상과 훈련

성경: 마 6:9

제목: 피조물은 창조주를 거룩하게 해야 한다.

년 월 일

말씀을 깨달은 점 :

회개해야 할 점 :

실천할 점 :

제3장

셋째 날 말씀 묵상과 훈련

자신이 하나님을 거룩하게 할 일들

(마 6:9) "그러므로 너희는 이렇게 기도하라 하늘에 계신 우리 아버지여 이름이 거룩히 여김을 받으시오며"

우리를 통하여 하나님의 이름이 거룩히 여김을 받기 원하십니다.

하나님은 우리를 통하여 이름이 거룩히 여김을 받기 원하십니다. 지금까지 당신은 하나님의 이름을 거룩하게 하였습니까? 자신이 알 것입니다. 아마도 어떤 분은 하나님의 이름이 거룩히 여김을 받는 것이 무엇이냐고 질문하실 지도 모르겠습니다. 많은 사람들이 성도들을 통하여 하나님의 이름이 거룩히 여김을 받는다는 사실을 모르고 있습니다.

성도가 죄를 범하지 않고 하나님의 말씀대로 사는 것이 하나님을 거룩하게 하는 것입니다.

(레 11:44) "나는 여호와 너희의 하나님이라 내가 거룩하니 너희도 몸을 구별하여 거룩하게 하고 땅에 기는 길짐승으로 말미암아 스스로 더럽히지 말라"

통회하고 마음이 겸손한 자가 하나님을 거룩하게 합니다.

세째 날 말씀 묵상과 훈련

(사 57:15) "지극히 존귀하며 영원히 거하시며 거룩하다 이름하는 이가 이와 같이 말씀하시되 내가 높고 거룩한 곳에 있으며 또한 통회하고 마음이 겸손한 자와 함께 있나니 이는 겸손한 자의 영을 소생시키며 통회하는 자의 마음을 소생시키려 함이라"

교회생활을 통하여 이름이 거룩히 여김 받기를 원하십니다.

하나님은 구원받은 사람들이 모이는 교회를 통하여 이름이 거룩히 여김 받기를 원하십니다. 우리가 섬기는 교회를 통하여 이름이 거룩히 여김을 받기 원하십니다.

교회생활을 하면서 하나님의 이름을 거룩하게 여길 만한 일을 하고 있습니까? 아니면 하나님의 이름에 욕먹을 일을 하고 있습니까? 우리는 한번 깊게 생각해 보아야 합니다.

자신이 섬기는 교회에서 하나님의 이름을 더럽히고 있다면 어떤 일들 때문인가를 생각하여 다시는 그런 일이 생기지 않도록 해야 할 것입니다. 만약 개인의 욕심을 채우기 위하여 하나님의 이름을 더럽히고 있다면 큰 죄를 범하고 있는 것입니다.

요한계시록에 보면 일곱 교회 중 한 교회는 사망을 당하였고, 네 교회는 칭찬과 책망을 동시에 받았고, 두 교회만 칭찬을 받았습니다. 자신이 섬기는 교회에서 하나님의 이름을 거룩하게 하는 생활이 되어야 책망을 받지 않고 칭찬을 받는 교회생활이 될 것입니다.

사데 교회처럼 죽어 있는 교회생활을 한다면 하나님의 이름을 거룩하게 못하는 것입니다. 이런 성도는 빨리 살아나야 합니다.

성도는 교회생활에서 하나님의 이름이 거룩히 여김을 받는 일을 생각해 보아야 하겠습니다.

(대하 7:16) "이는 내가 이미 이 성전을 택하고 거룩하게 하여 내 이름을 여기에 영원히 있게 하였음이라 내 눈과 내 마음이 항상 여기에 있으리라"

"너희는 이렇게 **기도하라**"

성경: 마 6:9

제목: 자신이 하나님을 거룩하게 할 일들

년 월 일

말씀을 깨달은 점 :

회개해야 할 점 :

실천할 점 :

자신이 하나님을 거룩하게 할 일들

제4장

넷째 날 말씀 묵상과 훈련

하나님의 이름을 망령되이 일컫지 말라

(마 6:9) "그러므로 너희는 이렇게 기도하라 하늘에 계신 우리 아버지여 이름이 거룩히 여김을 받으시오며"

십계명에 하나님의 이름을 망령되게 하지 말라는 말씀이 있습니다.

(출 20:7) "너는 네 하나님 여호와의 이름을 망령되게 부르지 말라 여호와는 그의 이름을 망령되게 부르는 자를 죄 없다 하지 아니하리라"

하나님의 이름을 거룩하게 여기지 않게 되면 반대로 하나님의 이름을 망령되이 여기고 죄를 짓게 됩니다.

하나님의 이름을 망령되이 만들면 죄 값이 매우 큽니다.

(겔 43:8) "그들이 그 문지방을 내 문지방 곁에 두며 그 문설주를 내 문설주 곁에 두어서 그들과 나 사이에 겨우 한 담이 막히게 하였고 또 그 행하는 가증한 일로 내 거룩한 이름을 더럽혔으므로 내가 노하여 멸망시켰거니와"

하나님의 이름을 함부로 서약하는데 사용하지 말라고 하십니다.

(슥 5:4) "만군의 여호와께서 이르시되 내가 이것을 보냈나니 도둑의 집에도 들어가며 내 이름을 가리켜 망령되이 맹세하는 자의 집에도 들어가서 그의 집에 머무르며 그 집을 나무와 돌과 아울러 사르리라 하셨느니라 하니라"

구원 받은 성도가 죄악된 짓을 하면 하나님의 이름을 망령되게 하는 것입니다.

(대하 28:19) "이는 이스라엘 왕 아하스가 유다에서 망령되이 행하여 여호와께 크게 범죄하였으므로 여호와께서 유다를 낮추심이라"
(히 12:16) "음행하는 자와 혹 한 그릇 음식을 위하여 장자의 명분을 판 에서와 같이 망령된 자가 없도록 살피라"

구원 받은 성도 때문에 하나님의 이름이 피해를 입으면 망령되이 여기게 되는 것입니다.

구원 받은 사람이 타인에게 악한 일을 행하여 피해를 주거나, 교회와 하나님의 이름이 비난을 받게 만든 그 사람은 하나님의 이름을 망령되게 한 것입니다. 그러므로 성도는 불신자나 신자들에게 유익이 되고 돕는 자가 되어야 하나님의 이름을 욕되게 하지 않고 빛나게 하는 것입니다.

넷째 날 말씀 묵상과 훈련

성경: 마 6:9	년 월 일
제목: 하나님의 이름을 망령되이 일컫지 말라	

말씀을 깨달은 점 :

회개해야 할 점 :

실천할 점 :

제5장

다섯째 날 말씀 묵상과 훈련

하나님 나라

(마 6:10) "나라가 임하시오며"

하나님 나라가 우리에게 임한다는 것은 매우 중요한 일입니다. 자신에게 하나님 나라가 임하면 여러 가지 변화를 갖게 됩니다.

첫째는 성령 하나님이 자신 속에 임재하십니다.
둘째는 구원이 이루어진 것입니다.
셋째는 하나님 자녀의 신분으로 바뀌었습니다.
넷째는 하나님의 통치를 받습니다.
다섯째는 하나님의 보호를 받습니다.
여섯째는 마음에 평안과 의와 기쁨이 있습니다.

이렇게 중요합니다. 그래서 예수님께서 기도하라고 주기도문에 넣은 것입니다. 우리는 이처럼 중요한 내용을 간과하고 기도했습니다.

사람에게 중요한 것은 하나님 나라를 소유하는 일입니다.

(마 16:26) "사람이 만일 온 천하를 얻고도 제 목숨을 잃으면 무엇이 유익하리요 사람이 무엇을 주고 제 목숨과 바꾸겠느냐"

다섯째 날 말씀 묵상과 훈련

사람에게 가장 소중하고 가치 있는 일입니다.

(마 13:44) "천국은 마치 밭에 감추인 보화와 같으니 사람이 이를 발견한 후 숨겨 두고 기뻐하며 돌아가서 자기의 소유를 다 팔아 그 밭을 사느니라"

하나님 나라는 간절히 원하는 사람이 들어갑니다.

(마 11:12) "세례 요한의 때부터 지금까지 천국은 침노를 당하나니 침노하는 자는 빼앗느니라"

하나님 나라에 들어가야 지옥행을 면합니다.

(막 9:47) "만일 네 눈이 너를 범죄하게 하거든 빼버리라 한 눈으로 하나님의 나라에 들어가는 것이 두 눈을 가지고 지옥에 던져지는 것보다 나으니라"

하나님 나라는 사람이 영생하는 장소입니다.

(요 5:24) "내가 진실로 진실로 너희에게 이르노니 내 말을 듣고 또 나 보내신 이를 믿는 자는 영생을 얻었고 심판에 이르지 아니하나니 사망에서 생명으로 옮겼느니라"

예수님은 그 나라와 그 의를 위해 기도하면 의식주 문제를 책임지겠다고 하셨습니다.

(마 6:33) "그런즉 너희는 먼저 그의 나라와 그의 의를 구하라 그리하면 이 모든 것을 너희에게 더하시리라"

"너희는 이렇게 기도하라"

성경: 마 6:10

제목: 하나님 나라

년 월 일

말씀을 깨달은 점 :

회개해야 할 점 :

실천할 점 :

하나님 나라_

제6장

여섯째 날 **말씀 묵상과 훈련**

자신의 심령에 하나님 나라가 임해야 한다

(마 6:10) "나라가 임하시오며"

자신의 심령 속에 하나님 나라가 이루어지기를 기도해야 합니다.

(눅 17:20~21) "바리새인들이 하나님의 나라가 어느 때에 임하나이까 묻거늘 예수께서 대답하여 이르시되 하나님의 나라는 볼 수 있게 임하는 것이 아니요 또 여기 있다 저기 있다고도 못하리니 하나님의 나라는 너희 안에 있느니라"

다른 성도의 심령 속에 하나님 나라가 이루어졌어도 자신의 심령 속에 하나님 나라가 이루어지지 않았다면 자신은 죽은 것입니다. 그러므로 성도들은 자신의 심령 속에 하나님 나라가 이루어지기를 간절히 이루어질 때까지 기도해야 합니다.

교회를 오랫동안 다녀도 심령 속에 하나님 나라를 이루지 못한 성도가 있습니다. 그러한 성도는 하나님 나라의 중요성을 깨닫고 침노하는 마음으로 기도해야 합니다.

(마 11:12) "세례 요한의 때부터 지금까지 천국은 침노를 당하나니 침노하는 자는 빼앗느니라"

하나님 나라가 임한 특징

(롬 14:17) "하나님의 나라는 먹는 것과 마시는 것이 아니요 오직 성령 안에 있는 의와 평강과 희락이라"

사도 바울의 말은 성도의 심령에 하나님 나라가 임하였다면 그 사람은 의롭고 평강이 있고 희락이 있다는 것입니다.
이것은 그 마음에 의로움이 있어서 죄악을 싫어하고 의로운 일만 하여 자신의 심령에 임한 하나님 나라를 지키는 것입니다. 또 주변 환경의 영향을 신앙으로 극복하여 평강을 유지하고 근심, 걱정, 괴로움을 하나님께 맡기고 희락을 잃지 않는다는 것입니다.
바울처럼 빌립보 감옥에 갇혀도 "의와 평강과 희락"을 유지한다는 것입니다.

하나님 나라가 이루어졌다는 것은 하나님의 통치가 시작되었다는 것입니다.

성도는 자신의 모든 생활 속에서 하나님의 통치를 받고 순종해야 합니다. 하나님은 우리의 신이시며 왕이시며 구원자이십니다.

(딤전 6:15) "기약이 이르면 하나님이 그의 나타나심을 보이시리니 하나님은 복되시고 유일하신 주권자이시며 만왕의 왕이시며 만주의 주시요"

하나님 나라가 이루어진 성도는 계속 임재하도록 기도해야 합니다.

성도는 하나님의 통치와 의와 평강과 기쁨이 항상 있도록 기도해야 합니다.

(마 28:20) "내가 너희에게 분부한 모든 것을 가르쳐 지키게 하라 볼지어다 내가 세상 끝날까지 너희와 항상 함께 있으리라 하시니라"

여섯째 날 말씀 묵상과 훈련

성경: 마 6:10	년 월 일
제목: 자심의 심령에 하나님 나라가 임해야 한다.	

말씀을 깨달은 점 :

회개해야 할 점 :

실천할 점 :

제7장

일곱째 날 말씀 묵상과 훈련

하나님 나라를 지켜라

(마 6:10) "나라가 임하시오며"

하나님 나라를 빼앗기지 않도록 지켜야 합니다.

(마 21:43) "그러므로 내가 너희에게 이르노니 하나님의 나라를 너희는 빼앗기고 그 나라의 열매 맺는 백성이 받으리라"

빼앗기지 않으려면 하나님의 법을 지켜야 합니다.

하나님 나라가 이루어진 사람은 하나님의 통치를 받습니다. 하나님 나라의 왕은 하나님이시기 때문입니다. 한국 백성은 한국의 법을 따릅니다. 미국 백성은 미국의 법을 따릅니다. 같은 이치로 우리가 하나님 나라의 백성이라면 하나님 나라의 법을 따라야 합니다. 우리가 세상에 있으면서 세상의 법을 따르면 세상 사람이고, 하나님 나라의 법을 따르면 하나님 백성인 것입니다. 지금 자신이 어느 법을 따르고 있는지 생각해 보아야 합니다. 그리고 하나님 나라의 백성답게 힘들고 어려워도 하나님의 법을 지키고 따라야 합니다. 모든 사람이 하나님 나라의 시민이기를 바랍니다.

빼앗기지 않으려면 범죄하지 않아야 합니다.

일곱째 날 말씀 묵상과 훈련

(막 9:47) "만일 네 눈이 너를 범죄하게 하거든 빼버리라 한 눈으로 하나님의 나라에 들어가는 것이 두 눈을 가지고 지옥에 던져지는 것보다 나으니라"

불의한 일을 하지 않아야 합니다.

(고전 6:9~10) "불의한 자가 하나님의 나라를 유업으로 받지 못할 줄을 알지 못하느냐 미혹을 받지 말라 음행하는 자나 우상 숭배하는 자나 간음하는 자나 탐색하는 자나 남색하는 자나 도적이나 탐욕을 부리는 자나 술 취하는 자나 모욕하는 자나 속여 빼앗는 자들은 하나님의 나라를 유업으로 받지 못하리라"

하나님 나라의 비밀을 아는 것은 선택 받은 사람들입니다.

(눅 8:10) "이르시되 하나님 나라의 비밀을 아는 것이 너희에게는 허락되었으나 다른 사람에게는 비유로 하나니 이는 그들로 보아도 보지 못하고 들어도 깨닫지 못하게 하려 함이라"

"너희는 이렇게 기도하라"

성경: 마 6:10
제목: 하나님 나라를 지켜라

년 월 일

말씀을 깨달은 점 :

회개해야 할 점 :

실천할 점 :

제8장

여덟째 날 말씀 묵상과 훈련

여러 곳에 하나님 나라가 임해야 한다

(마 6:10) "나라가 임하시오며"

자신의 가정에 하나님 나라가 이루어지기를 기도해야 합니다.

첫째는 가족이 전부 하나님을 믿고 구원받는 것입니다.

둘째는 가정생활이 천국과 같이 평안하고 의로우며 기쁨이 있는 것입니다. 이러한 환경이 이루어진 가족은 행복할 것입니다. 그러므로 우리는 가정에 하나님 나라가 이루어지기를 매일 기도해야 합니다.

어떤 가정은 하나님 나라가 이루어지지 않아서 불행한 생활을 하는 사람들이 있습니다. 참으로 안타까운 일입니다.

자신이 속한 교회에 하나님 나라가 이루어지기를 기도해야 합니다.

자신이 섬기는 교회가 천국같이 느껴진다면 그 사람은 행복한 신앙생활을 하고 있는 것입니다. 많은 사람들이 그러한 교회를 사모하며 찾고 있습니다.

자신이 섬기는 교회에 하나님 나라가 이루어지면 하나님의 통치를 받으며 의의 길로 가므로 하나님이 칭찬하는 교회가 됩니다. 성도들은 교회 문제로 고민하는 일이 없어집니다. 이런 교회에 출석하는 성도들은 행복을 느끼며 교회를 섬기고, 나아가 자랑하므로 전도가 되어져서 구원 받는 사람이 많아질 것입니다.

또한 교회 안에서 갈등이 사라지고 평안할 것입니다. 교회는 소망이 있고 기쁨이 있는 곳이 되며, 세상에 지친 사람들의 평안한 안식처가 될 것입니다. 그러므로 우리는 열심히 우리가 섬기는 교회와 또한 모든 교회에 하나님의 나라가 임하기를 기도해야 합니다.

자신이 속한 소그룹에 하나님 나라가 이루어지기를 기도해야 합니다.

교회생활을 하면 여러 가지 소그룹에 들어가 활동하게 됩니다. 그 소그룹에 하나님의 나라가 이루어지면 소그룹 활동이 하나님 나라가 이루어진 교회와 같이 기쁘게 될 것입니다. 그러므로 자신이 속한 소그룹에 항상 하나님 나라가 임하도록 기도해야 할 것입니다. 더욱이 소그룹에 하나님 나라가 임하여 의와 평강과 기쁨이 있으면 불신자의 영혼들이 소문을 듣고 몰려들 것입니다.

전도 대상자의 마음속에 하나님 나라가 이루어지기를 기도해야 합니다.

불신자의 마음 속에 하나님 나라가 이루어지면 구원 받은 것입니다. 그러나 불행하게도 불신자의 마음 속에는 사탄의 나라가 이루어져 있습니다. 그러므로 그 속에 있는 사탄을 내어 쫓고 성령 하나님이 임재하시도록 기도해야 합니다. 성도는 태신자의 영혼을 놓고 사탄의 나라를 물리치는 강력한 기도와 하나님 나라가 이루어지는 기도를 매일 해야 합니다.

여덟째 날 말씀 묵상과 훈련

우리나라에 하나님 나라가 이루어지기를 기도해야 합니다.

우리나라에 하나님 나라가 이루어진다면 세상에서 가장 살기 좋은 나라가 될 것입니다. 한국의 모든 사람이 하나님을 믿고 구원 받으며, 하나님의 통치를 받아 의롭고 평안하고 기쁨이 넘치는 삶을 살게 될 것입니다. 정치인들은 의로운 일을 결의할 것이며, 경제인들은 정직하게 돈을 벌 것이며, 모든 시민은 죄를 미워하며 선을 즐기며 서로 사랑하며 살아갈 것입니다. 우리 기독교인들은 매일 우리나라에 하나님 나라가 임하기를 기도해야 합니다.

"너희는 이렇게 **기도하라**"

성경: 마 6:10	년 월 일
제목: 여러 곳에 하나님 나라가 임해야 한다.	

말씀을 깨달은 점 :

회개해야 할 점 :

실천할 점 :

제 9 장

아홉째 날 말씀 묵상과 훈련

하나님의 뜻은 무엇인가?

(마 6:10) "뜻이 하늘에서 이루어진 것 같이 땅에서도 이루어지이다"

하늘에서는 하나님의 뜻대로 모든 것이 이루어집니다.

그것은 하나님이 우주의 창조자이시며 통치자이시기 때문이고, 또 우주의 만주의 주시요 만왕의 왕이시기 때문입니다. 이 땅에는 사탄의 방해가 있습니다. 그러나 하나님이 결정하시면 땅에서도 하나님의 뜻이 이루어집니다. 문제는 땅에서도 하나님의 뜻이 이루어지기를 기도해야 하나님이 들으시고 사탄의 방해를 물리치고 이루신다는 것입니다.

하늘에서 하나님의 뜻이 이루어지듯이 나에게도 하나님의 뜻이 이루어지기를 기도해야 합니다.

나를 향한 하나님의 뜻은 무엇일까요?
하나님은 나에게 어떤 뜻을 가지고 계실까요?

아브라함은 이스라엘의 믿음의 조상입니다. 하나님은 아브라함에게 어떤 뜻을 가지고 계셨는지를 살펴보겠습니다.

"너희는 이렇게 **기도하라**"

(창 22:15~18) "[15] 여호와의 사자가 하늘에서부터 두 번째 아브라함을 불러 [16] 이르시되 여호와께서 이르시기를 내가 나를 가리켜 맹세하노니 네가 이같이 행하여 네 아들 네 독자도 아끼지 아니하였은즉 [17] 내가 네게 큰 복을 주고 네 씨가 크게 번성하여 하늘의 별과 같고 바닷가의 모래와 같게 하리니 네 씨가 그 대적의 성문을 차지하리라 [18] 또 네 씨로 말미암아 천하 만민이 복을 받으리니 이는 네가 나의 말을 준행하였음이니라 하셨다 하니라"

이런 아브라함을 통한 하나님의 뜻이 무엇이라고 생각하십니까?

- 거역하지 않고 순종하는 모습을 보는 것입니다.
- 아브라함을 통해 하나님의 존재를 세상에 알리는 것입니다.
- 끝까지 하나님을 신뢰하고 믿음으로 사는 것입니다.
- 자신을 위해 살지 않고 하나님을 위해 사는 것입니다.
- 주어진 일에 최선을 다하는 것입니다.

성도에게 향한 하나님의 뜻은 무엇이라고 생각하십니까?

- 거역하지 않고 순종하는 모습을 보는 것입니다.
- 당신을 통해 하나님의 존재를 세상에 알리는 것입니다.
- 끝까지 하나님을 신뢰하고 믿음으로 사는 것입니다.
- 자신을 위해 살지 않고 하나님을 위해 사는 것입니다.
- 주어진 일에 최선을 다하는 것입니다.

많은 사람들은 하나님의 뜻에 대해 잘못된 생각을 가지고 있습니다. 내가 어떤 사람처럼 일을 하기 원하시는가에 관심이 있습니다. 하나님이 나를 아브라함처럼 사용

아홉째 날 말씀 묵상과 훈련

하실까? 아니면 모세처럼 사용하실까? 아니면 다윗처럼 사용하실까? 아니면 선지자 엘리야처럼 사용하실까? 드보라처럼, 아니면 마리아처럼 사용하실까? 에 관심이 있습니다.

하나님을 잘못 알고 있는 것입니다.

하나님은 사람이 어떤 위치에서든지 하나님의 말씀을 지키면 복을 주시며 거기에 맞게 사용하십니다.

"너희는 이렇게 기도하라"

성경: 마 6:10 제목: 하나님의 뜻은 무엇인가?	년 월 일

말씀을 깨달은 점 :

회개해야 할 점 :

실천할 점 :

제10장

열째 날 말씀 묵상과 훈련

하나님의 뜻이 땅과 자신에게 이루어져야 한다

(마 6:10) "뜻이 하늘에서 이루어진 것 같이 땅에서도 이루어지이다"

하나님의 뜻이 나를 통하여 이루어지기를 기도해야 합니다.

하나님의 뜻이 땅에서 자신을 통하여 이루어지기를 기도해야 합니다. 자기 주변사람에게만 이루어지는 것이 아니라 한국과 세계에 이루어지기를 기도합니다. 또 자신의 가정에 이루어지기를 기도하고, 자신이 섬기는 교회에서 이루어지기를 기도합니다. 하나님의 마음에 들면 허락해 주실 것입니다.

아브라함을 통하여 하나님의 뜻이 이루어진 것이 많이 있습니다. 주변사람과 여러 부족에게 여호와 하나님이 창조주이시며 신이신 것을 알렸습니다. 지금까지도 아브라함을 통하여 하나님이 우주의 창조자요 유일한 신이라는 것이 세상에 증거되고 있습니다.

많은 사람들이 하나님의 뜻은 이루지 않으면서 자기의 이기적인 뜻만 이루려고 기도합니다. 하나님의 뜻은 생각지도 않으면서 자기의 욕심만 채우려고 기도합니다. 그런 기도는 잘못된 것입니다.

재능을 통하여 하나님의 뜻이 이루어지기를 기도해야 합니다.

하나님은 각 사람에게 재능을 주셨습니다. 그 재능을 자신의 영광과 부귀를 위해 사용해서는 안 됩니다. 하나님의 뜻을 이루는데 사용해야 합니다. 그 재능으로 많은 사람을 만나서 관계를 맺고, 그 사람들을 하나님께로 인도하는 매개체로 사용해야 합니다. 그러면 하나님이 기뻐하시고 더욱 귀하게 사용하실 것입니다.

은사를 통하여 하나님의 뜻이 이루어지기를 기도해야 합니다.

하나님은 믿는 성도들에게 여러 가지 은사를 주셨습니다. 이러한 하나님이 주신 은사를 자신의 유익만을 위해 사용해서는 안 됩니다. 은사를 주신 목적은 그 은사를 가지고 많은 사람을 구원시키라는 것입니다. 그런데 이런 은사를 사용하지 않거나 개인의 욕심을 채우기 위해 사용하면 하나님은 진노하십니다. 그러므로 은사가 하나님의 뜻을 이루는데 사용되어지도록 기도해야 합니다.

물질을 통하여 하나님의 뜻이 이루어지기를 기도해야 합니다.

하나님이 주신 물질을 잘 관리해야 합니다. 모든 물질이 하나님께로부터 온다는 사실을 믿는다면 하나님을 위해 사용해야 할 것입니다.

어떤 성도는 하나님의 은혜로 수억대의 축복을 받았습니다. 그러자 교회생활이 나태해졌습니다. 사업이 바쁘다는 핑계로 새벽기도회를 빠지더니 금요철야기도회, 수요기도회, 주일저녁예배 순으로 빠지기 시작했습니다. 그리고 교회에 특별헌금을 드릴 일이 있으면 조금 하는 척만 하였습니다. 그러면서도 자기 집에 필요한 것은 몇 백, 몇 천 만원도 아낌없이 사용했습니다. 하나님을 그 집에서 돈이나 벌어주는 종처럼 여겼습니다. 몇 년이 못 되어 사업은 기울고 모든 재산은 없어지고 말았습니다.

열째 날 말씀 묵상과 훈련

성경: 마 6:10	년 월 일
제목: 하나님의 뜻이 땅과 자신에게 이루어져야 한다.	

말씀을 깨달은 점 :

회개해야 할 점 :

실천할 점 :

제11장

열 하루째 날 말씀 묵상과 훈련

모든 곳에 하나님의 뜻이 이루어져야 한다

(마 6:10) "뜻이 하늘에서 이루어진 것 같이 땅에서도 이루어지이다"

우리 가족들을 통하여 하나님의 뜻이 이루어지기를 기도해야 합니다.

가족들의 이름을 부르며 그들을 통하여 하나님의 뜻이 이루어지기를 기도하십시오. 하나님이 가족들을 들어서 사용하시면 훌륭한 사역자들이 될 것입니다.

직장을 통하여 하나님의 뜻이 이루어지기를 기도해야 합니다.

직장에는 다양한 일들이 있습니다. 그 일들을 이용하여 하나님의 영광을 나타내고 다른 사람을 구원하는 성과가 주어지도록 기도해야 합니다. 또한 직장에는 다양한 사람들이 있습니다. 하나님께서 그 사람들을 구원하시고 그들을 통하여 또 다른 사람들을 구원하시면 얼마나 좋을까요? 우리는 기도해야 합니다. 직장에 믿는 소그룹이 생기도록 말입니다.

회사나 사업을 통하여 하나님의 뜻이 이루어지기를 기도해야 합니다.

자신이 경영하는 회사를 통하여 하나님의 뜻이 이루어지면 하늘의 상급이 클 것입니다. 자신의 부귀와 영광을 위하여 회사를 운영하지 말고 하나님의 뜻을 이루기 위하여 하십시오. 하나님이 기뻐하시고 복을 주실 것입니다.

국가를 통하여 하나님의 뜻이 이루어지기를 기도해야 합니다.

여로보암 왕은 감독자였으나 하나님의 은총으로 북쪽 이스라엘의 왕이 되었습니다. 그의 공로는 아무 것도 없었습니다. 오직 하나님의 은혜로 국가를 이루고 왕이 되었습니다. 그런데 그는 왕이 된 후, 하나님을 믿는 백성들을 예루살렘에 가서 제사지내지 못하게 하려고, 권세를 사용하여 단과 벧엘에 산당을 짓고 금송아지를 만들어 이것이 너희를 애굽에서 구출하신 하나님이라고 속여 범죄하게 했습니다. 하나님은 여로보암에게 진노하셨습니다. 그래서 그의 나라를 다른 사람에게 주어버렸습니다.

하나님이 주신 나라를 잘 다스려야 합니다. 하나님의 뜻을 이루기 위해 솔로몬처럼 다스리는 지혜를 구해야 합니다. 그 국가의 권세를 많은 사람을 구원하는데 사용해야 합니다. 그러므로 권세를 하나님의 뜻을 이루는데 사용하도록 기도해야 합니다.

교회를 통하여 하나님의 뜻이 이루어지기를 기도해야 합니다.

교회가 세워진 목적은 많은 영혼을 구원하는 것입니다. 이 목적을 잘 감당하여 하나님의 뜻을 이룰 수 있도록 기도해야 합니다. 기도가 살아 있고 성령 충만한 성도들이 맡겨진 자리에서 헌신하며, 훈련된 리더들이 세워져서 번식하는 교회가 많아질수록 하나님의 뜻은 더 많이 이루어질 것입니다.

불신자나 태신자를 통해서 하나님의 뜻이 이루어지기를 기도해야 합니다.

불신자나 태신자가 하나님의 뜻대로 구원받은 백성이 되고, 그들을 통해서 또 다른 사람들을 구원할 수 있게 해 달라고 기도해야 합니다. 불신자나 태신자의 주변에는 구원 받아야 할 사람들이 많이 있기 마련입니다. 성도 한 사람, 한 사람이 품은 태신자를 통해 더 많은 사람들이 구원 받을 수 있는 길이 열리도록 기도해야 합니다.

열하루째 날 말씀 묵상과 훈련

성경: 마 6:10	년 월 일
제목: 모든 곳에 하나님의 뜻이 이루어져야 한다.	

말씀을 깨달은 점 :

회개해야 할 점 :

실천할 점 :

제12장

열두째 날 말씀 묵상과 훈련

일용할 양식을 구하라

(마 6:11) "오늘 우리에게 일용할 양식을 주시옵고"

일용할 양식을 구해야 합니다.

예수님께서 일용할 양식을 구하라고 하신 말씀은 이런 뜻이라고 생각합니다. 사람이 살아가는데 꼭 필요한 양식은 사람들이 보기에는 자신이 일하여서 얻은 대가로 먹는 것 같지만, 사실은 아니라는 것입니다. 하나님이 주시지 않으면 먹을 양식을 얻을 수 없다는 것입니다. 그러므로 양식을 얻고 못 얻는 문제는 사람이 결정하는 것이 아니라 하나님이 결정하신다는 것입니다.

실제로 요셉이 살던 시대에 하나님이 온 땅에 7년 기근을 내리시니 야곱의 식구들이 먹을 것이 없어 애굽으로 요셉을 찾아가 양식을 구했습니다. 또 아합왕 때에 북쪽 이스라엘만 엘리야의 기도로 3년 6개월 동안 기근이 들어 양식이 없어서 굶어죽은 사람이 많았습니다.

일용할 양식이 사람이 일해서 구하는 것 같아도 하나님의 주권에 있다는 것입니다. 그러므로 너희는 양식에 주권이 있는 하나님을 무시하지 말고 구하라는 것입니다. 하나님이 주셔야 풍성하다는 것입니다.

생활에 필요한 것을 구해야 합니다.

열 두째 날 말씀 묵상과 훈련

우리가 살아가면서 필요한 것을 공급자이신 하나님께 구해야 합니다. 예수님께서 말씀하셨습니다. (마 7:8) "구하는 이마다 받을 것이요 찾는 이는 찾아낼 것이요 두드리는 이에게는 열릴 것이니라"고 말입니다. 가정 문제, 가족들 문제, 직장 문제, 사업 문제, 질병 등 자신과 관련된 것들을 구해야 합니다. 여기서 하나님은 사람을 위해서 구하고 너 자신을 위해서 구하라고 하십니다.

질병문제도 기도해야 합니다.

(약 5:16) "그러므로 너희 죄를 서로 고백하며 병이 낫기를 위하여 서로 기도하라 의인의 간구는 역사하는 힘이 큼이니라"

건강해야 하나님의 일도 할 수 있습니다. 우리는 하나님께 건강 달라고 기도해야 합니다.

영적 은사나 능력도 주시기를 기도해야 합니다.

(고전 12:31) "너희는 더욱 큰 은사를 사모하라 내가 또한 가장 좋은 길을 너희에게 보이리라"

여러 가지 은사를 받으면 더 많은 일을 할 수 있습니다. 일을 많이 하고 하나님 나라에 가면 영광을 받게 될 것입니다.

성령의 열매 맺기를 기도해야 합니다.

(갈 5:22~23) "[22] 오직 성령의 열매는 사랑과 희락과 화평과 오래 참음과 자비와 양선과 충성과 [23] 온유와 절제니 이같은 것을 금지할 법이 없느니라"

성령의 열매는 성도를 성숙한 신앙인으로 만듭니다. 그리고 예수님을 닮게 만듭니다.

그 외에도 성도들이 필요한 기도를 하기 바랍니다.

"너희는 이렇게 **기도하라**"

성경: 마 6:11	년 월 일
제목: 일용할 양식을 구하라	

말씀을 깨달은 점 :

회개해야 할 점 :

실천할 점 :

제13장

열셋째 날 말씀 묵상과 훈련

다른 사람의 죄를 용서하라

(마 6:12) "우리가 우리에게 죄 지은 자를 사하여 준 것 같이

하나님은 우리에게 다른 사람의 죄를 사해 주라고 하십니다.

우리는 하나님께 자신의 잘못을 용서해 달라는 회개기도는 많이 했으나 다른 사람의 죄를 용서하는 기도는 하지 못했습니다.

우리는 마음 속에 미움, 분노, 증오를 가지고 있습니다. 이것은 다른 사람으로부터 무시나 멸시, 그리고 폭언이나 폭행 등을 당했을 때 생기는 마음의 병입니다. 또 마음에 상처를 받아 오랫동안 가슴앓이를 하기도 합니다.

예수 그리스도는 말씀하십니다. 우리에게 미움, 분노, 증오심을 갖게 한 사람들에게 어떻게 해야 하는지를 교훈하십니다. (마 5:44) "나는 너희에게 이르노니 너희 원수를 사랑하며 너희를 박해하는 자를 위하여 기도하라"고 말입니다. 그런데 우리는 이런 말씀을 깊게 생각하지 않았습니다.

성경에는 원수를 용서하는 기도와 그들에게 그리스도인으로서 어떻게 행해야 하는지를 알려주는 말씀이 많습니다.

(눅 6:35) "오직 너희는 원수를 사랑하고 선대하며 아무 것도 바라지 말고 꾸어 주라 그리하면 너희 상이 클 것이요 또 지극히 높으신 이의 아들이 되리니 그는 은혜를 모르는 자와 악한 자에게도 인자하시니라"

(롬 12:20) "네 원수가 주리거든 먹이고 목마르거든 마시게 하라 그리함으로 네

가 숯불을 그 머리에 쌓아 놓으리라"

하나님은 우리가 남을 용서하기를 바라십니다.

하나님은 우리가 사람들의 죄를 용서하기를 바라십니다. 관대하게 관용을 베풀어 용서하기를 원하십니다.

다른 사람의 죄를 용서했을 때 하나님께서도 우리의 죄를 용서해 주신다고 하셨습니다. 그러므로 우리는 적극적으로 다른 사람의 죄를 용서해야 합니다. 그렇지 않으면 자신의 죄가 하나님께 용서받지 못한다고 성경은 경고합니다.

성경의 말씀에 귀를 기울여야 합니다.

(마 18:21~22) "[21] 그 때에 베드로가 나아와 이르되 주여 형제가 내게 죄를 범하면 몇 번이나 용서하여 주리이까 일곱 번까지 하오리이까 [22] 예수께서 이르시되 네게 이르노니 일곱 번뿐 아니라 일곱 번을 일흔 번까지라도 할지니라"

(엡 4:32) "서로 친절하게 하며 불쌍히 여기며 서로 용서하기를 하나님이 그리스도 안에서 너희를 용서하심과 같이 하라"

용서하지 않을 때는 자신이 하나님께 용서를 받지 못합니다.

만약 우리가 다른 사람의 과실을 용서하지 않으면 하나님께서는 우리의 죄를 용서하지 않겠다고 말씀하십니다.

(마 6:15) "너희가 사람의 잘못을 용서하지 아니하면 너희 아버지께서도 너희 잘못을 용서하지 아니하시리라"

열 셋째 날 말씀 묵상과 훈련

성경: 마 6:12

제목: 다른 사람의 죄를 용서하라.

년   월   일

말씀을 깨달은 점 :

회개해야 할 점 :

실천할 점 :

제14장

열넷째 날 말씀 묵상과 훈련

자신이 치유를 받는다

(마 6:12) "우리가 우리에게 죄 지은 자를 사하여 준 것 같이 우리 죄를 사하여 주시옵고"

다른 사람의 죄를 용서하였을 때 영혼의 치유가 일어납니다.

영혼의 치유가 일어나지 않는 것은 자신의 죄가 하나님께 사함 받지 못했을 때 있는 것입니다. 마음 속에 미움이나 증오를 가지고 살고 있다면 하나님의 말씀을 어기는 죄를 계속적으로 범하고 있는 것입니다. 그리고 다른 죄는 용서함을 받았을지 모르나 "이웃을 내 몸 같이 사랑하라"는 말씀과, "원수를 위하여 기도하라"는 말씀을 어기므로 영혼의 죄를 계속 반복적으로 범하고 있는 것입니다. 그러므로 영혼이 평안하지 못하고 불안하고 믿음이 성장하지 못하고 하나님의 은혜를 공급받지 못합니다.

이런 사람은 다른 성도에 비하여 교회생활을 바르게 하지 못하게 됩니다. 어떤 때는 은혜롭게 열심히 하다가 조금 지나면 쉽게 됩니다. 또 성격의 변화가 자신을 힘들게 합니다. 조용하다가 갑자기 못된 성품이 나타납니다. 주변 사람들에게서 이해가 안 된다는 말을 듣기도 합니다.

그러나 예수님의 가르침대로 남을 용서하는 기도를 하면 영혼이 치유되어 안정을 찾게 됩니다.

다른 사람의 죄를 용서하였을 때 마음의 상처가 치유됩니다.

열 넷째 날 말씀 묵상과 훈련

어떤 성도는 마음에 병이 있습니다. 사람을 만나면 불안해하는 병입니다. 그 성도는 어릴 때는 아버지로부터 학대를 받았고, 성장하면서는 오빠에게 학대를 받았으며 결혼해서는 남편에게 학대를 받았습니다. 혼자 있고 싶고 사람이 없는 조용한 곳에서 살고 싶어 합니다. 그러나 그럴 환경이 안 됩니다. 그러니 힘들어도 살아가야 하는데 너무나 괴롭습니다. 그러던 분이 남을 용서하는 기도를 배웠습니다. 처음에는 용서하기가 싫었습니다. 하지만 해야 한다는 생각이 마음속에서 나왔습니다. 그분은 용기를 내서 "나는 아버지를 용서합니다. 나는 오빠를 용서합니다. 나는 남편을 용서합니다. 주님의 이름으로 용서합니다."를 반복하며 선포하였습니다. 그분은 오열하기 시작했습니다. 한참 후에 그분은 눈물을 그치고 나서 간증했습니다. "마음속의 답답한 것이 빠져나가고 평안해졌습니다."라고 말입니다. 예수 그리스도의 가르침에는 놀라운 치유의 능력이 있습니다.

이렇게 남을 용서하다가 마음을 치료하는 사례가 많습니다. 마음의 상처와 질병은 남을 용서하지 못하는데서 생깁니다. 누구든지 남을 용서하면 마음의 질병이 치유됩니다. 그러므로 모든 성도들은 다른 사람의 죄를 무조건 용서하는 기도를 드려야 합니다.

다른 사람의 죄를 용서하였을 때 육신의 질병이 치유됩니다.

어떤 성도가 오랫동안 미워하고 있던 아버지를 용서했습니다. 성도의 아버지는 어머니가 돌아가시고 재혼을 하였는데 새어머니 말만 듣고 자녀들을 몹시 미워하며 학대하였습니다. 그때부터 이 성도는 아버지를 미워하게 되었습니다. 결혼해서도 아버지를 증오하고 있었습니다. 아버지 생각만 하면 피가 거꾸로 흐르는 것 같고 분노가 일어났습니다. 뿐만 아니라 먹은 것이 체하고 위장병이 있으며 정신분열증세가 있고 우울증도 있었습니다. 병원을 다녀도 별 효과가 없었습니다. 그 성도가 남을 용서하는 기도를 드릴 때 눈물을 흘렸습니다. 그 성도는 기도할 때 통곡을 했습니다. 그리고 주님의 이름으로 미워하는 아버지를 용서하였습니다. 여러 번 반복하여 아버지를 용서한다고 선포했습니다. 그 후, 위장병이 나았으며 우울증도 없어졌고 정신분열증도 없어졌습니다. 오랜 질병에서 자유를 누리게 된 것입니다.

열넷째 날 말씀 묵상과 훈련

성경: 마 6:12	년 월 일
제목: 자신이 치유를 받는다.	

말씀을 깨달은 점 :

회개해야 할 점 :

실천할 점 :

제15장

열다섯째 날 말씀 묵상과 훈련

자신의 죄 사함을 받으라

(마 6:12) "우리 죄를 사하여 주시옵고"

하나님은 정결한 자의 기도를 들으십니다. 죄악된 자의 기도를 듣지 않으십니다. 그러므로 기도하기 전에 자신에게 죄가 있으면 고백하고 죄 사함을 받아야 합니다. 하나님께 숨기지 말아야 합니다. (요 9:31) "하나님이 죄인의 말을 듣지 아니하시고 경건하여 그의 뜻대로 행하는 자의 말은 들으시는 줄을 우리가 아나이다."라고 하셨습니다.

회개기도는 인간에게 주신 축복입니다.

(눅 13:5) "너희에게 이르노니 아니라 너희도 만일 회개하지 아니하면 다 이와 같이 망하리라"
(행 11:18) "그들이 이 말을 듣고 잠잠하여 하나님께 영광을 돌려 이르되 그러면 하나님께서 이방인에게도 생명 얻는 회개를 주셨도다 하니라"

하나님은 사람의 죄를 사하시기 위하여 회개라는 통로를 만들어 놓으셨습니다. 이것은 사람에게 베푸신 은혜요, 축복의 통로인 것입니다. 그러므로 강단에서 회개하라는 설교를 들으면 싫어하지 말고 감사해야 합니다. 성도들이 싫어한다고 해서 강단에서 회개 설교를 하지 않는 교회들이 있습니다. 회개 설교를 많이 해야 성도들

열 다섯째 날 말씀 묵상과 훈련

이 살아납니다. 만일 회개라는 통로가 없다면 사람들은 모두 멸망을 당하고 말았을 것입니다. 천사들은 한 번 죄를 범하면 회개의 기회가 없이 추방당한 것으로 알고 있습니다. 그런데 사람들에게는 회개라는 통로를 만들어 주시어 여러 번 죄를 지어도 회개만 하면 죄를 용서해 주시고 다시 은혜를 주시니 감사한 일입니다. 그러므로 인간은 죄를 범할 시에는 빨리 회개하여 하나님의 은혜를 더 많이 받는 사람이 되어야 합니다.

죄 사함 받는 사람은 복 있는 사람입니다.

(롬 4:7) "불법이 사함을 받고 죄가 가리어짐을 받는 사람들은 복이 있고"

많은 사람들이 죄를 회개하지 못해 영벌을 받을 장소로 갑니다. 그런데 우리는 죄 사함을 받고 영생을 얻으니 참으로 감사한 일입니다. 이것은 사람이 받은 축복입니다. 복 있는 사람은 죄 사함을 받습니다. 창기 생활을 하다가 예수님이 지나간다는 소식을 듣고 향유를 가지고 와 예수님의 발을 씻기던 여인은 죄 사함을 받았습니다. 그 여인은 복 받은 여인이 되었습니다. 누구든지 하나님께 죄 사함을 받은 사람은 복 있는 사람입니다.

성경: 마 6:12
제목: 자신의 죄 사함을 받으라

년 월 일

말씀을 깨달은 점 :

회개해야 할 점 :

실천할 점 :

제16장

열여섯째 날 말씀 묵상과 훈련

시험에 들지 않도록 하라

(마 6:13) "우리를 시험에 들게 하지 마시옵고"

예수 그리스도께서 시험에 들지 않게 깨어 기도하라고 하십니다.

(눅 22:46) "이르시되 어찌하여 자느냐 시험에 들지 않게 일어나 기도하라 하시니라"

시험 들면 자신이 피해를 당합니다.

욥은 사단이 시험하여 큰 피해와 고통을 당하였습니다.

(욥 1:12~19) "[12] 여호와께서 사탄에게 이르시되 내가 그의 소유물을 다 네 손에 맡기노라 다만 그의 몸에는 네 손을 대지 말지니라 사탄이 곧 여호와 앞에서 물러가니라 [13] 하루는 욥의 자녀들이 그 맏아들의 집에서 음식을 먹으며 포도주를 마실 때에 [14] 사환이 욥에게 와서 아뢰되 소는 밭을 갈고 나귀는 그 곁에서 풀을 먹는데 [15] 스바 사람이 갑자기 이르러 그것들을 빼앗고 칼로 종들을 죽였나이다 나만 홀로 피하였으므로 주인께 아뢰러 왔나이다 [16] 그가 아직 말하는 동안에 또 한 사람이 와서 아뢰되 하나님의 불이 하늘에서 떨어져서 양과 종들을 살라 버렸나이다 나만 홀로 피하였으므로 주인께 아뢰러 왔나이다 [17] 그가 아직 말하는 동안에 또 한 사람이 와서 아뢰되 갈대아 사람이 세 무리를 지어 갑자기 낙타에게 달려들어 그것을 빼앗으며 칼로 종들을 죽였나이다 나만 홀

로 피하였으므로 주인께 아뢰러 왔나이다 [18] 그가 아직 말하는 동안에 또 한 사람이 와서 아뢰되 주인의 자녀들이 그들의 맏아들의 집에서 음식을 먹으며 포도주를 마시는데 [19] 거친 들에서 큰 바람이 와서 집 네 모퉁이를 치매 그 청년들 위에 무너지므로 그들이 죽었나이다 나만 홀로 피하였으므로 주인께 아뢰러 왔나이다 한지라"

자신의 욕심을 버려야 시험 들지 않습니다.

욕심이 많은 사람은 자주 시험이 오게 됩니다. 그러나 욕심을 버리고 마음을 비우고 하나님이 주신 것으로 감사하며 사는 사람은 시험이 적게 옵니다.

(약 1:14) "오직 각 사람이 시험을 받는 것은 자기 욕심에 끌려 미혹됨이니"

자신이 시험에 들지 않도록 기도해야 합니다.

교회생활에 시험이 들면 신앙이 급속도로 떨어져 하나님을 잊어버릴 수가 있습니다. 가정생활 가운데서 부부간에 시험이 들면 가정이 파괴될 수도 있습니다. 직장생활에서 시험이 있으면 사퇴할 수도 있습니다. 그러므로 여러 분야에서 시험이 없도록 기도해야 합니다.

열 여섯째 날 말씀 묵상과 훈련

| 성경: 마 6:13 | 년 월 일 |
| 제목: 시험에 들지 않도록 하라 | |

말씀을 깨달은 점 :

회개해야 할 점 :

실천할 점 :

제17장

열일곱째 날 말씀 묵상과 훈련

시험은 마귀가 준다

(마 6:13) "우리를 시험에 들게 하지 마시옵고"

사람이 시험 드는 원인을 알아야 합니다.

사람이 시험 드는 것은 사탄의 계획입니다. 사탄은 하와를 찾아갔습니다. 그런데 사탄의 모습으로 가지 않았습니다. 뱀을 이용하여 뱀의 입을 빌려 달콤한 말로 유혹했습니다. 하와는 사탄이 자기 모습으로 찾아왔다면 미혹당하지 않았을 것입니다. 아담도 마찬가지입니다. 사탄은 아담에게 직접 찾아가지 않았습니다. 직접 갔다면 아담은 사탄의 말을 듣지 않았을 것입니다. 이것을 알고 있는 사탄은 하와를 이용한 것입니다. 아담은 하와의 말이었기 때문에 믿고 따른 것입니다.

지금도 사탄은 직접 우리를 찾아오지 않습니다. 다른 사람이나 물질을 이용하여 시험 들게 합니다. 그러므로 조심해야 합니다. 또 시험에 들지 않도록 기도해야 합니다. 그래야 하나님이 사탄의 공격으로부터 지켜주십니다. "우리를 시험에 들게 하지 마옵시고"는 "사탄에게 우리를 맡기지 말아 주십시오!" 하는 기도입니다.

사탄의 힘은 강합니다. 피할 시간이 없습니다.

(눅 10:18) "예수께서 이르시되 사탄이 하늘로부터 번개 같이 떨어지는 것을 내가 보았노라"

열일곱째 날 말씀 묵상과 훈련

(계 12:9) "큰 용이 내쫓기니 옛 뱀 곧 마귀라고도 하고 사탄이라고도 하며 온 천하를 꾀는 자라 그가 땅으로 내쫓기니 그의 사자들도 그와 함께 내쫓기니라"

(고후 2:11) "이는 우리로 사탄에게 속지 않게 하려 함이라 우리는 그 계책을 알지 못하는 바가 아니로라"

(벧전 5:8) "근신하라 깨어라 너희 대적 마귀가 우는 사자 같이 두루 다니며 삼킬 자를 찾나니"

사탄은 매우 빠르고 강합니다. 위의 말씀들을 보면 사탄은 번개같이 움직입니다. 그러므로 사람이 막을 수 없습니다. 너무 빨라서 피할 수도 없습니다. 오직 하나님만이 막으시고 피하게 하시고 물리치십니다.

사탄은 강한 사자처럼 삼킬 자를 찾고 있습니다. 그리고 성도들을 옥에 집어넣기도 하고 욥의 자녀들을 죽인 것처럼 사람을 죽이기도 합니다. 그러므로 우리는 시험에 들지 않기를 기도해야 합니다.

예수님은 베드로를 기도로 지켜주셨습니다.

(눅 22:31~34) "[31] 시몬아, 시몬아, 보라 사탄이 너희를 밀 까부르듯 하려고 요구하였으나 [32] 그러나 내가 너를 위하여 네 믿음이 떨어지지 않기를 기도하였노니 너는 돌이킨 후에 네 형제를 굳게 하라 [33] 그가 말하되 주여 내가 주와 함께 옥에도, 죽는 데에도 가기를 각오하였나이다 [34] 이르시되 베드로야 내가 네게 말하노니 오늘 닭 울기 전에 네가 세 번 나를 모른다고 부인하리라 하시니라"

사탄이 베드로를 시험하겠다고 하나님께 청구하였습니다. 하지만 예수 그리스도께서 넘겨주지 않으셨습니다. 예수님이 베드로를 지켜주신 것입니다. 베드로가 예수님을 모른다고 세 번 부인할 때 예수님이 베드로를 사탄에게 넘겼다면 수제자 베드로도 영원히 멸망당하였을 것입니다. 그러나 예수님이 지켜주심으로써 사탄에게 지기는 했지만 돌이켜 회개하고 하나님의 종이 될 수 있었습니다.

열일곱째 날 말씀 묵상과 훈련

성경: 마 6:13 제목: 시험은 마귀가 준다.	년 월 일

말씀을 깨달은 점 :

회개해야 할 점 :

실천할 점 :

제18장

열여덟째 날 말씀 묵상과 훈련

악은 무엇인가?

(마 6:13) "다만 악에서 구하시옵소서"

성경에서의 선과 악은 무엇입니까?

먼저 악을 알아야 이해가 빠를 것 같습니다. 악에 관한 개념이 일반적으로 사용하는 것과 성경에서 사용하는 것이 다릅니다. 일반적으로 세상에서 사용하는 악은 나쁜 짓을 하였을 때 악하다고 합니다. 그러나 성경에서의 악은 하나님의 말씀을 어기는 것입니다. 우리가 볼 때 악한 것이 아닐지라도 하나님이 악하다고 말씀하십니다.

일반적인 선은 착한 것을 말합니다. 그러나 성경에서의 선은 하나님의 말씀을 순종 하였을 때 선하다고 하십니다. 우리는 이것을 명심해야 합니다. 선과 악의 기준이 세상도 아니요, 인간도 아니며 사람을 창조한 하나님이 결정하신다는 것입니다. 그 누구도 하나님의 권세에 도전할 수 없습니다.

우리도 하나님을 믿기 전에는 악이 무엇인지도 몰랐습니다. 다른 사람들이 그렇게 사니까 우리도 그들처럼 살아갔던 것입니다. 그런데 하나님을 알고 보니 모든 것이 악하였습니다.

성도들의 생활 중에 악한 것들이 많이 있습니다.

하나님을 모르는 것도 악이고 우상숭배도 악입니다. 나쁜 마음먹은 것도 악이고 나쁜 짓을 한 것도 악입니다. 하나님의 말씀을 불순종한 것도 악이고 불만, 불평하는 것

열 여덟째 날 말씀 묵상과 훈련

도 악입니다. 마음 속에 미움을 품고 있는 것도 악이고 사랑을 실천하지 않는 것도 악입니다. 거짓말을 하는 것도 악이고 주일을 지키지 않는 것도 악입니다. 예배를 드리지 않는 것도 악이고 부모를 공경하지 않는 것도 악입니다. 남을 속이는 것도 악이고 교회 일에 충성하지 않은 것도 악입니다. 게으른 것도 악이고 선을 행치 않는 것도 악입니다. 전도하지 않는 것도 악이고 사명을 감당하지 않는 것도 악입니다.

화를 내는 것도 악에서 나오고 신경질 부리는 것도 악에서 나옵니다. 욕을 하는 것도 악에서 나오고 남을 무시하는 것도 악에서 나옵니다. 부교역자를 함부로 대하는 것도 악에서 나오고 목사에게 따지는 것도 악에서 나옵니다. 교만함도 악에서 나오고 자만과 세상 자랑도 악에서 나옵니다. 교회질서를 무시하는 것도 악에서 나오고 자주 시험 들어 옮기는 것도 악에서 나옵니다.

이러한 것은 자기 마음 속에 악이 있기 때문에 나오는 것입니다. 사람은 이 악에서 구원 받아야 합니다. 이 악을 그대로 두면 죄를 짓게 되고 죄는 하나님의 심판을 받게 합니다. 그러므로 예수님이 말씀하신 것처럼 "악에서 구원하여 주소서"라고 기도해야 합니다. 악을 그대로 두면 사탄이 이용하여 가라지로 만들어 버릴 수도 있습니다.

우리는 기도해야 합니다. 이 무서운 악에서 구원하여 달라고 기도해야 합니다. "하나님, 나는 신경질 내는 악이 있습니다. 이 악에서 구원하여 주옵소서!" 라고 기도해야 합니다. "하나님, 나는 따지는 습관의 악이 있습니다. 이 악에서 구원하여 주옵소서!" 라고 기도해야 합니다. "하나님, 나는 교만의 악이 있습니다. 이 악에서 구원하여 주옵소서!" 라고 기도해야 합니다. 그래서 악에서 구원받아야 그 나쁜 것이 없어지고 순수한 신앙인이 되며 선한 사람이 됩니다.

우리의 마음과 세상은 온통 악으로 가득 차 있습니다. 이 악에서 구출되지 않으면 멸망입니다. 많은 사람들이 악을 행하고 하나님께 벌을 받거나 심판을 받고 있습니다. 어떤 사람은 교회 밖에서도 악을 행하여 벌을 받고, 교회 안에 들어와서도 악에서 구원 받지 못하여 죄를 범하고 멸망 받을 짓을 하고 있습니다.

(마 15:19) "마음에서 나오는 것은 악한 생각과 살인과 간음과 음란과 도둑질과 거짓 증언과 비방이니"

성경: 마 6:13
제목: 악은 무엇인가?

년　월　일

말씀을 깨달은 점 :

회개해야 할 점 :

실천할 점 :

제19장

열아홉째 날 말씀 묵상과 훈련

악에서 구원 받아야 한다

(마 6:13) "다만 악에서 구하시옵소서"

악에서 구출되기를 기도해야 합니다.

사람은 에덴에서 추방된 이후, 악에 빠져 있었습니다. 누군가가 구출해주지 않으면 악 속에서 빠져 나오지 못해 멸망합니다. 우리 자신으로서는 악에서 빠져 나올 수가 없습니다. 전능하신 하나님이 악에서 구출해 주어야 합니다. 히브리 민족을 애굽에서 구출하여 가나안으로 인도하신 것처럼, 우리도 하나님이 악에서 구출하여 선한 곳으로 인도하셔야 악에서 빠져 나옵니다.

사람이 사는 세상은 온통 악함으로 가득합니다. 죄악이 관영합니다. 그러므로 육신이 세상에 있는 동안은 악을 행할 수밖에 없습니다. 하나님이 악에서 구출해 주셔야 악을 행하지 않고 선을 행하며 살 수 있습니다. 스스로는 악에서 탈출할 수도 없고 선을 행할 수도 없습니다. 그래서 기도하라고 예수님이 가르쳐 주신 것입니다. "하나님! 나를 악에서 구하시옵소서"라고 간절히 기도해야 합니다.

하나님은 악을 심판하십니다.

솔로몬은 하나님이 악인을 심판하신다고 했습니다.

(전 3:17) "내가 내 마음속으로 이르기를 의인과 악인을 하나님이 심판하시리니

이는 모든 소망하는 일과 모든 행사에 때가 있음이라 하였으며"

우리는 조심해야 합니다. 악한 마음이 생기지 않도록 해야 합니다. 악한 자는 사탄의 역사를 따라 삽니다. 결국 구원을 얻지 못하는 심판을 받습니다.

노아의 시대가 악한 것을 보시고 하나님은 물로 심판하셨습니다.

(창 6:5) "여호와께서 사람의 죄악이 세상에 가득함과 그의 마음으로 생각하는 모든 계획이 항상 악할 뿐임을 보시고"라고 기록되어 있습니다. 하나님은 악을 심판하십니다.

소돔과 고모라가 악하여 심판을 받았습니다. (창 18:20) "여호와께서 또 이르시되 소돔과 고모라에 대한 부르짖음이 크고 그 죄악이 심히 무거우니"라고 기록되어 있습니다.

악에서 구출 받은 사람들은 이런 일들을 버립니다.

하나님의 은혜를 받고 깨달은 사람들은 악에서 구출되었습니다. 그래서 악한 일을 버립니다.

게으름을 버리고 부지런하려고 노력합니다.
불순종을 버리고 순종합니다.
말씀을 거역하는 것을 버리고 지킵니다.
미움을 버리고 사랑합니다.
예배에 빠지는 것을 버리고 예배를 드립니다.
불충을 버리고 충성합니다.
교만을 버리고 겸손합니다.
거짓말을 버리고 진실합니다.

열아홉째 날 말씀 묵상과 훈련

세상 욕심을 버리고 하늘나라를 바라봅니다.
돈을 사랑하는 것을 버리고 하나님을 사랑합니다.
이기적인 마음을 버리고 남을 이해하는 사람이 됩니다.
위선과 허영을 버리고 근면, 검소합니다.
사람 중심을 버리고 하나님 중심이 됩니다.
남편은 아내를 사랑하고 아내는 순종합니다.
하나님의 종의 말씀에 거역을 버리고 순종합니다.

성경: 마 6:9	년 월 일
제목: 악에서 구원 받아야 한다.	

말씀을 깨달은 점 :

회개해야 할 점 :

실천할 점 :

제20장

스무째 날 말씀과 묵상 훈련

나라와 권세와 영광을 하나님 아버지께 돌려라

(마 6:13) "나라와 권세와 영광이 아버지께 영원히 있사옵나이다"

사람은 교만해서 권세와 영광을 자기 것으로 만듭니다.

(요 12:43) "그들은 사람의 영광을 하나님의 영광보다 더 사랑하였더라"

(행 12:23) "헤롯이 영광을 하나님께로 돌리지 아니하므로 주의 사자가 곧 치니 벌레에게 먹혀 죽으니라"

(갈 5:26) "헛된 영광을 구하여 서로 노엽게 하거나 서로 투기하지 말지니라"

사람들은 본능적으로 욕심이 많고 권세와 영광을 좋아한다고 말합니다. 그러므로 본능을 억제한다는 것이 어렵다는 것입니다. 그러나 이런 말에 속아서는 안 됩니다. 사람의 본능이 아니고 사탄이 미혹하는 것입니다. 사탄이 사람의 마음을 움직여 하나님께 악을 행하게 하는 것입니다. 사탄은 사람들에게 죄를 범하라고 하지 않습니다. 마음에 하고 싶은 대로 자유롭게 살라고 합니다. 그리고는 사람 마음 속에 들어가 하나님의 말씀과 반대로 살게 만듭니다. 그러면 결국은 하나님의 진노를 사서 심판을 받아 자기 왕국으로 오기 때문입니다. 이러한 사탄의 궤계를 알고 속지 말아야 합니다.

구원 받은 자는 하나님께 권세와 영광을 돌립니다.

(요 12:28) "아버지여, 아버지의 이름을 영광스럽게 하옵소서 하시니 이에 하늘에서 소리가 나서 이르되 내가 이미 영광스럽게 하였고 또다시 영광스럽게 하리라 하시니"

(딤전 1:17) "영원하신 왕 곧 썩지 아니하고 보이지 아니하고 홀로 하나이신 하나님께 존귀와 영광이 영원무궁하도록 있을지어다 아멘"

예수님은 아들의 입장에서 하나님께만 영광을 돌렸습니다. 이것이 옳다는 것을 보여준 것입니다. 그러므로 구원 받은 자는 자기에게 주어진 모든 권세와 영광을 하나님께 돌려야 합니다.

모든 기도의 마지막에는 "나라와 권세와 영광이 아버지께 영원히 있사옵나이다"를 넣어야 합니다.

자신의 존재와 위치를 알게 됩니다.

(계 4:11) "우리 주 하나님이여 영광과 존귀와 권능을 받으시는 것이 합당하오니 주께서 만물을 지으신지라 만물이 주의 뜻대로 있었고 또 지으심을 받았나이다 하더라"

하나님께 영광을 돌리면 자신은 지음을 받은 피조물이며, 하나님이 창조자이심을 분명하게 인식하게 됩니다. 그리고 자신은 티끌과 같은 위치에 있다는 것도 인식합니다.

스스로 낮아집니다.

(눅 14:11) "무릇 자기를 높이는 자는 낮아지고 자기를 낮추는 자는 높아지리라

스무째 날 말씀 묵상과 훈련

성경: 마 6:13

제목: 나라와 권세와 영광을 하나님 아버지께 돌려라

년   월   일

말씀을 깨달은 점 :

회개해야 할 점 :

실천할 점 :

제21장

스무 하루째 날 말씀 묵상과 훈련

예수님의 이름으로 기도하라

(요 14:13) "너희가 내 이름으로 무엇을 구하든지 내가 행하리니 이는 아버지로 하여금 아들로 말미암아 영광을 받으시게 하려 함이라"

우리는 하나님 앞에 직접 나아가기가 부끄러운 사람들입니다. 그러나 중보자이신 예수님이 변호하여 주시면 하나님 앞에 가까이 갈 수 있습니다. (딤전 2:5) "하나님은 한 분이시요 또 하나님과 사람 사이에 중보자도 한 분이시니 곧 사람이신 그리스도 예수라"고 말씀하십니다. 그래서 우리는 예수님의 이름으로 기도하는 것입니다. 또 예수님이 자신의 이름으로 구하라고 하셨습니다. (요 14:13) "너희가 내 이름으로 무엇을 구하든지 내가 행하리니 이는 아버지로 하여금 아들로 말미암아 영광을 받으시게 하려 함이라"고 말씀하셨습니다. 우리는 이러한 약속의 말씀을 믿고 모든 기도의 끝에 "예수님의 이름으로 기도드립니다." 라고 하는 것입니다.

겸손해집니다.

사람이 하나님의 일을 많이 하고 크게 사용을 받으면 자신도 모르게 교만해집니다. 그래서 어떤 사람들은 자신이 기도하면 모든 병이 다 낫는다고 말합니다. 내가 알기로는 그 사람이 기도해서는 감기도 낫지 않습니다. 하나님이 치료하셔야 낫는다고 믿습니다. 그러므로 "내가 기도하면 다 낫는다." 는 말보다는 "나는 기도하고 치료는 하나님이 하십니다."라고 해야 할 것입니다. 이러한 죄를 범하지 않게 하는 것이 예수님의 이름으로 기도하는 것입니다. 환자 치유기도를 할 때 자주 "예수님의 이름으로 명하노니 질병은 물러가라. 나을지어다!"라고 하면서 예수님의 이름을 자주, 많이 찾으면 겸손해져서 오만에 빠지는 것을 방지할 수 있습니다.

"예수님의 이름"을 많이 사용하십시오. 겸손해집니다. 겸손은 하나님의 은혜를 더욱 많이 받게 만듭니다.

사탄이 두려워합니다.

"예수 그리스도의 이름으로" 기도하면 사탄이 두려워합니다. 사탄은 예수님이 태어날 때부터 헤롯을 통하여 죽이려 하였고, 공생애를 시작할 때에는 40일 금식하신 틈을 타서 세 가지를 시험하였습니다. 또 일생을 따라다니며 모략과 의심과 핍박을 하였으며, 제자의 마음을 이용하여 십자가에 못 박아 죽였습니다. 그러나 예수 그리스도는 죽음에서 부활하심으로 승리하셨습니다. 그리고 십자가를 통하여 온 인류의 죄를 대속하심으로 구원을 이루어 놓으셨습니다. 사탄은 완전히 예수님에게 패하였고, 예수 그리스도는 마귀를 심판하는 권세를 가지고 계십니다. 상황이 이렇게 되었으므로 마귀는 예수님의 이름을 두려워합니다.

우주를 통치하는 권세를 가지고 계십니다.

예수 그리스도는 하나님 우편에 앉아 계시며 우주를 통치하고 계십니다. (벧전 3:22) "그는 하늘에 오르사 하나님 우편에 계시니 천사들과 권세들과 능력들이 그에게 복종하느니라"고 말씀하고 계십니다. 예수님의 권세가 이렇게 크므로 우리는 겸손하게 예수님의 이름을 사용해야 합니다. 또 예수님은 하나님의 영광의 광채시라고 말씀합니다.

(히 1:3) "이는 하나님의 영광의 광채시요 그 본체의 형상이시라 그의 능력의 말

씀으로 만물을 붙드시며 죄를 정결하게 하는 일을 하시고 높은 곳에 계신 지극히 크신 이의 우편에 앉으셨느니라"고 말씀하십니다. 그러므로 우리는 예수 그리스도 앞에 머리 숙여 경배드리고 섬겨야 합니다.

스무 하루째 날 말씀 묵상과 훈련

성경: 요 14:13

제목: 예수님의 이름으로 기도하라.

년   월   일

말씀을 깨달은 점 :

회개해야 할 점 :

실천할 점 :

"십자가의 길은 사람을 살리는 것입니다."

Books by C.M.C.

양육교재

인간의 삶   값 3,500원
인간이 고통을 당하는 이유를 성경을 통해 명확하게 알려주며 자신의 모습을 돌아보게 합니다.

새로운 삶   값 3,500원
하나님을 알고 살아가는 삶이 새로운 삶임을 깨닫게 하며, 가르치는 자와 배우는 자가 동일하게 세워지도록 합니다.

제자의 삶   값 3,500원
예수님의 진정한 제자는 어떻게 살아야 하는가를 성경적으로 권면합니다.

축복의 삶   값 3,500원
하나님의 자녀로서 축복받는 삶이 무엇인가를 배우며 기쁨과 감사함으로 살아가게 합니다.

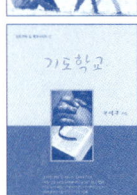
기도학교   값 3,500원
기도에 대해서 알고 싶어하고 배우고 싶어하는 성도들을 위해 하나님께서 들어주시는 올바른 기도를 가르쳐 줍니다.

새가족학교   값 3,500원
교회에 나오는 새가족들이 궁금해 하는 모든 내용들을 정리하여 그들의 궁금증을 해결해 주어 정착하도록 돕습니다.

전인치유학교   값 4,500원
중원교회 장년 교구에서 직접 성도를 훈련시키며, 이론이 아닌 실습을 통해 현장에 꼭 맞는 교재로 발전시켜 놓았습니다.
많은 노력과 시행착오를 거치며 계속 발전시켜 한국교회에 맞게 성공적인 훈련교재를 만들게 되었습니다.

성경적 전인치유학교
리더용 / 성도용   값 8,000원 / 값 4,500원
'어떻게 하면 하나님이 사람을 치료하는 것을 찾아볼까?' 하는 고민 중에 본 치유 프로그램이 만들어졌습니다. 이 치유 프로그램은 성경적인 치유를 전제로 만들어졌습니다. 인본적인 치유가 아니라 성경적인 치유 프로그램인 것입니다.

목자예비학교   값 4,500원
평신도 리더로서 사역할 수 있도록 모든 소그룹 인도 방법을 자세하게 가르쳐 줍니다.

전도학교 (예수전도법)   값 3,500원
예수전도법을 통하여 불신자를 전도하는 모든 방법을 가르쳐 전도는 누구나 할 수 있다는 자신감을 갖게 합니다.

교회학교 양육교재

인간의 삶 (교회학교)
값 3,500원

새로운 삶 (교회학교)
값 3,500원

제자의 삶 (교회학교)
값 3,500원

축복의 삶 (교회학교)
값 3,500원

새가족학교 (교회학교)
값 4,500원

단행본들...

세계교회는 십자가의 길로 간다 값 8,000원

십자가의 길은 독자들에게 비전과 소망을 줄 것입니다. 목회의 목마름을 해결해 줄 것입니다.
아울러 본 저서는 목회를 잘 해 보고자 하는 열심있는 목회자들과 목회에 지친 분들에게 새 힘을 불어넣는 좋은 책이 될 것입니다.

당신도 훌륭한 목회를 할 수 있다(상) 값 10,000원

목회를 하면서 많은 시행착오를 겪었다. 누군가 코치를 해 주는 사람이 있었으면 좋았을텐데 불행히도 없었다. 어려운 문제가 생길 때마다 좌절도 하고 낙심도 하면서 하나님께 기도하여 문제를 풀어 나갔다. 다행이 하나님께서 해결해 주셔서 어려운 목회 문제를 풀 수 있었다. 그리고 많은 은혜를 주셨다. 이 책이 나와 같은 목회자들에게 도움이 되었으면 좋겠다.

당신도 훌륭한 목회를 할 수 있다(하) 값 10,000원

목회는 모르면 어렵고 알면 쉬운 것이다. 이 책을 통해서 목회를 배우고 지금의 길을 달려가서 성공하는 목회자들이 많이 나오기를 원한다.
이 책을 읽는 분들은 많은 도전을 받게 될 것이다. 그리고 하나님의 원하시는 참된 목회를 추구할 것이다. 그러면서 하나님의 종이 된 것을 기뻐하고 감사드리며 헌신하게 될 것이다.

예수그리스도께서 가르쳐 주신 기도와 능력 값 5,000원

기도하는 많은 사람들을 새로운 기도의 세계로 인도할 것입니다. 주님이 가르쳐 주신 기도순서로 기도하면 깊은 영성을 소유하게 될 것입니다. 그리고 절대로 잘못된 기도는 하지 않게 될 것입니다. 또 놀라운 영적 경험을 하게 될 것입니다.
자신이 변화하는 것을 느끼게 되며, 치유의 역사가 속에서 일어나는 것을 느낄 것입니다.

기도훈련집 1, 2

○ 값 6,000원
○ 값 3,000원

이 기도문은 그리스도께서 하신 기도입니다. 지금까지 자기 욕심을 이루려는 기도를 드렸고 하나님을 괴롭게 하는 기도를 드렸음을 발견하게 될 것입니다. 또한 자신의 영혼이 깨끗해지고 마음이 청결해지는 것을 느끼게 될 것입니다.

교회건강검진 값 10,000원

건강한 교회와 성장하는 교회는 다른 시각으로 보아야 합니다. 건강하지 못해도 성장하는 교회가 있습니다. 이런 교회는 바람직하지 못합니다. 교회는 하나님 보시기에 건강해야 하고 또 성장해야 합니다. 그러기 위해서 검사 방법이 정확해야 합니다. 여기에 그 방법을 소개합니다.

폭발적 목장영적추수행사 값 3,500원

목장영적추수행사는 좀 더 체계적으로 훈련하여 성도의 생각을 바꾸고 생활 속에서 신앙적으로 전도 활동과 목장 집회를 갖도록 하는 획기적인 책입니다.
이 책이 제시하는 대로 시행한다면 누구든지 전도를 할 수 있으며 목장도 활성화되는 결과를 얻게 될 것입니다.

52주 목장집회 1, 2 각 값 6,000원

예배는 구원 받은 사람들이 하나님을 경외하는 것입니다. 집회는 사람들이 모여서 하나님의 은혜 받기를 사모하는 것입니다. 예배와 집회는 전혀 다른 성격을 띠고 있습니다. 목장 집회는 하나님의 은혜를 받기 위한 특별한 모임입니다. 목장 집회의 중요한 리더 만들기와 기도 셀, 사랑의 실천, 불신자를 위한 모임 등을 실천하도록 하였습니다.

생명을 얻는 길(상) 값 2,500원

태신자의 눈높이에 맞춘 맞춤식 양육 교재입니다. 철저히 태신자의 입장에서 그들의 문제를 해결하고 있는 것이 본서의 특징입니다. 또한 기존 성도들도 태신자를 양육하면서 은혜 받고 하나님이 원하시는 신앙으로 바뀌게 됩니다.
'생명을 얻는 길'은 미니 전도지와 함께 사용하면 양육 효과가 더욱 크게 나타납니다.

영혼의 찬양 값 5,500원

십자가선교센터에서 선정한 200곡의 주옥같은 찬양을 수록하였습니다.

새벽빛 저미는 가슴으로(시집) 값 10,000원

김경희 지음

하루를 여는 첫 시간, 말씀 앞에 무릎 꿇고 음성 듣기를 20여 년의 세월…
나의 하나님의 크신 사랑을 경건의 일기에 담아 오던 중 중원교회의 십자가의 길을 가며 새벽마다 주시는 주옥같은 말씀에 은혜 받고 글을 쓰다가 권영구 목사님의 추천과 기도의 후원으로 시를 모아봅니다.

십자가의 길 안내서 값 500원

십자가선교센터에서 주관하는 '십자가의 길 목회종합시스템'에 대한 간략한 소개와, 성도들의 양육을 위해 사용되는 단계별 (양육시리즈, 학교시리즈) 교재 내용과 단행본 책자 등을 간단, 명료하게 설명하고 있는 안내서입니다.

미니전도지

현대인들은 매우 바쁘고 복잡하게 살아갑니다. 그들에게 복음을 전하기란 쉽지 않습니다. 이와 같은 문제점을 해결하고자 **도서출판 중원 C.M.C.**에서는 **5분 안에 어느 누구에게든지 시간과 장소에 국한되지 않고** 복음을 전하는 **미니 전도지**를 만들었습니다. 하나님의 나라가 우리나라 가운데 임하길 기도드립니다.

❶ 복된 소식 …값 300원

죄의 문제 해결과 구원에 대한 진리를 선포하고 있습니다.

❷ 5분 복음제시 …값 300원

죄의 문제 해결과 하나님을 믿으면 좋은 것에 대하여 설명합니다.

❸ 인생을 아십니까? …값 300원

인생무상과 가치있는 삶에 대한 해결책을 제시합니다.

❹ 도를 아십니까? …값 300원

사람이 가야 할 참된 인생의 길과 후회없는 삶을 제시합니다.

❺ 사람은 왜 고난이 많습니까? …값 300원

사람의 고난과 고통의 문제에서 벗어나 평안하게 사는 길을 제시합니다.

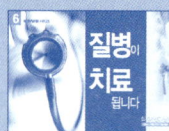

❻ 질병이 치료됩니다 …값 300원

질병에서 벗어나 기적을 경험하는 삶을 제시합니다.

❼ 자신의 미래를 아십니까? …값 300원

사람은 자신의 미래에 대해서 궁금해 합니다. 그 미래에 대한 명쾌한 해답을 제시합니다.

❽ 인생문제해결을 원하십니까? …값 300원

모든 사람은 문제를 안고 살아갑니다. 문제 해결과 축복의 삶을 제시합니다.

❾ 교회를 쉬고 계십니까? …값 300원

신앙생활을 하다 여러가지 시험과 문제로 교회를 쉬고 계십니까? 하나님께서는 첫사랑을 회복하기를 원하십니다.

❿ 어떤 종교를 가지고 계십니까? …값 300원

어떤 종교를 가지고 있느냐에 따라서 사후의 삶이 달라집니다. 참 종교의 길을 제시합니다.

신간 소개 — 십자가의 길 생활 시리즈(중급반)

교회생활 …값 3,500원

가정생활 …값 3,500원

헌신생활 …값 3,500원

복된생활 …값 3,500원

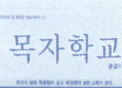

목자학교 …값 4,000원

성품치유학교 …값 5,000원

목자전문학교 …값 미정

열린전도학교 …값 미정

중원 C.M.C. 홈페이지 http://www.cross9191.com
02)2617-2044, 2685-0423